LA MESSE DE NOSTRE DAME

Edited by
Daniel Leech-Wilkinson

GUI

(c. 1300—1377)

Kyrie

© Oxford University Press 1990

Printed in Great Britain

OXFORD UNIVERSITY PRESS, MUSIC DEPARTMENT, GREAT CLARENDON STREET, OXFORD OX2 6DP

iii

III*i*

I

II

III

Sing three times

KYRIE II

KYRIE III

ii

II *i*

Gloria

GLORIA AMEN

Credo

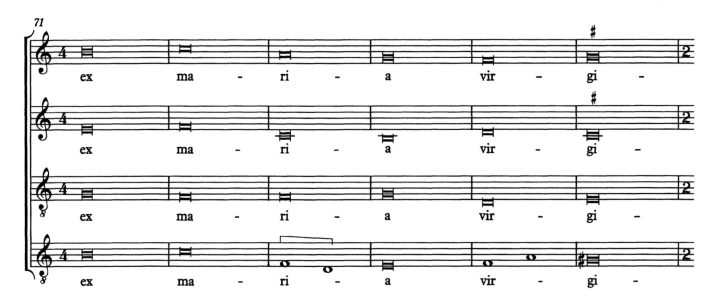

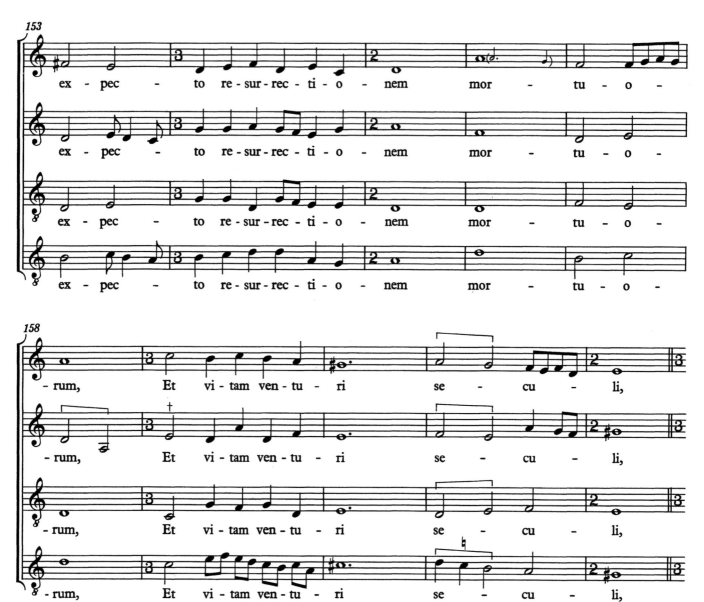

CREDO AMEN

II

Sanctus

I

II

III

VI

VII

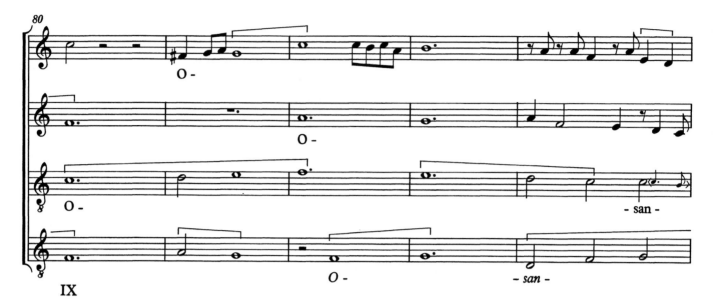

Agnus dei

II

AGNUS II

AGNUS III

I

II

Ite missa est

Reproduced and printed by
Biddles Ltd, King's Lynn, Norfolk